Chers Clients,

Merci de votre confiance !

Je publie mes livres d'une façon indépendante

Si vous aimez ce livre, n'hésitez pas à me laisser un commentaire sur Amazon.

Je lis chacun de vos commentaires avec plaisir, ils sont cruciaux pour soutenir mon travail et ils me permettent de vous fournir de nouveaux contenus de qualité. J'espère que ce livre vous plaira autant que j'ai pris de plaisir à le concevoir.

Papeterie Blanche

⭐ ⭐ ⭐ ⭐ ⭐